L'abbé MARBOT, vicaire général

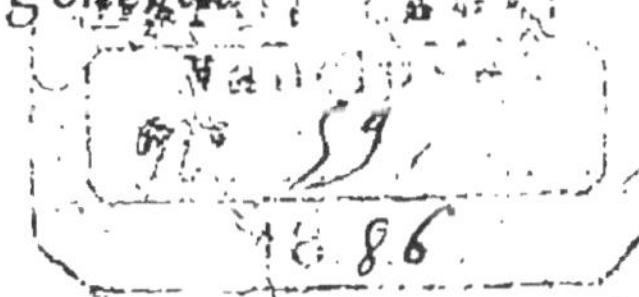

NOTRE-DAME DU CHATEAU

A TARASCON

Extrait de *Nos Madones* ou *le culte de la Ste Vierge dans le diocèse d'Aix*

SE VEND AU PROFIT DU SANCTUAIRE

Chez Mlle **Marie VIRET, marchande d'objets religieux**

Près Ste-Marthe

A TARASCON

NOTRE-DAME DU CHATEAU

A TARASCON

Il faudrait se trouver à Tarascon le 5e dimanche après Pâques. C'est un jour qui renouvelle chaque année, dans la cité de Ste Marthe, les scènes les plus touchantes d'enthousiasme populaire et de sincère amour envers la Très Sainte Vierge Ce jour-là, Tarascon s'éveille avant la première aube, et une foule considérable se rend processionnellement à huit kilomètres, dans la direction de St-Remy. Rien que ce trajet indique le zèle de ceux qui l'entreprennent et fait comprendre qu'un motif de foi attire ces pèlerins vers les Alpines, dont ils gravissent la pente escarpée. Là, en effet, est une chapelle rustique dominant toute la contrée. Sous son toit habite une antique Madone, que vénérent les Tarasconnais et tous les habitants du voisinage. On la salue du nom de *Notre-Dame du Château.* — Vers midi, la Vierge est descendue de son autel (1). On la charge sur des épaules toujours nombreuses et toujours disposées à trouver que ce cher fardeau ne pèse point. La procession s'organise de nouveau,

(1) A l'époque où ces lignes furent écrites, les manifestations extérieures du culte n'étaient pas encore interdites. Aujourd'hui, le bon peuple tarasconnais est privé du saisissant spectacle de l'entrée triomphale de N.-D. du Château traversant les boulevards et les rues de la cité, au milieu de l'enthousiasme général ; mais le soir, à 6 heures, il vient se dédommager dans la belle église de Ste-Marthe, où le rendez-vous est donné, et où N.-D. du Château continue à faire son entrée, selon le cérémonial établi, devant une foule immense, plus recueillie et plus émue que jamais.

augmentée cette fois des fidèles du pays d'alentour. Et, quelque temps qu'il fasse, on reprend le chemin parcouru le matin, faisant de cette course une vraie marche triomphale pour célébrer la Reine dont on possède l'image. — Quand le cortège arrive près de la ville, tous ceux qui n'ont pu en sortir le matin et tous les voisins qui y sont entrés depuis se présentent aux portes de la cité, et acclament Notre-Dame du Château. Comme une marée montante, ce peuple grossit les rangs. Dans les rues ce sont des flots vivants qui passent, et dans l'air retentissent, avec les élans de l'enthousiasme, les plus joyeux refrains d'amour et de foi, auxquels se mêlent, comme des notes célestes, les voix argentines des cloches et l'harmonie des fanfares. — La Madone entre dans l'église Ste-Marthe. L'hôtesse, de Jésus qui jadis reçut Marie dans sa maison de Béthanie, la reçoit maintenant sous son toit provençal. Notre-Dame du Château y restera quarante jours. Et pendant quarante jours, elle y écoutera les prières de ses enfants, leurs confidences et leurs vœux ; elle sourira aux joies des uns ; elle essuiera les larmes des autres ; et à tous elle fera sentir qu'elle est vraiment Mère.

Pendant que tant d'hommages l'entourent, nous allons vous dire son histoire.

Sous les riches vêtements tout chargés de joyaux, qui la couvrent, remarquons d'abord que cette *statue* de la Vierge Mère est en bois, et qu'elle présente aux regards de la science les caractères de son antiquité.

La main pieuse qui l'a sculptée ne l'avait point faite pour nous. Il y a quelques centaines d'années, elle était l'objet d'un culte spécial dans une chapelle romane qui existe encore au pays briançonnais, dans la *vallée de Vallouise*, sur la rive droite de la Durance.

Au milieu du XIVe siècle, la *peste* promenait en Europe l'épouvante et la mort. En 1348, le diocèse d'Embrun poussait le cri d'alarme, et Briançon était envahie par le fléau. Or cette ville professait à cette époque une dévotion toute particulière envers Ste Marthe. Dans son malheur, elle pensa ne pouvoir mieux faire que de se confier à un si puissant patronage, et elle fit vœu d'envoyer une députation de ses habitants porter au tombeau de la Sainte l'hommage de sa reconnaissance, si la « contagion » cessait. La prière fut exaucée. Et aussitôt après, les Briançonnais s'empressèrent de remplir leur engagement. Les membres des familles les plus considérables du pays prirent ensemble la route de Tarascon. Et pour donner la note de leur pieuse démarche et garantir en même temps la sûreté de leur voyage, en guise de drapeau, ils firent porter en tête de la caravane leur Madone vénérée, la Vierge de Vallouise. Tout s'accomplit sans encombre sous de tels auspices ; et, leur dette payée, les Briançonnais regagnèrent leur cité et rendirent la Vierge à sa vallée.

Mais deux ans plus tard, en 1350, une autre clameur pleine d'angoisse s'élevait de la même contrée. « J'aime mieux, disait David, tomber entre les mains de Dieu qu'entre les mains des hommes » (1). Briançon vérifiait le sens de ces paroles du Prophète. Il ne s'agissait plus de peste, c'était la sauvage fureur des *Vaudois*, qui jetait l'épouvante dans le Briançonnais. Ces hérétiques, sacrilèges et vandales, perdaient les âmes, pillaient les églises, et brisaient les saintes images. — Tremblant à leur approche, le pauvre ermite qui veillait sur le sanctuaire de Vallouise ne pense plus qu'à dérober à leur rage la statue vénérée commise à sa garde. Que faire ? La cacher n'est point chose facile : s'ils la découvraient ! L'emporter à Briançon, ce n'est peut-être qu'éviter un écueil pour en trouver un autre ! Il n'y a donc qu'à fuir au loin !

(1) I Paralip. XXI, 13.

Imbert (c'est le nom de l'ermite) n'hésite plus. Il prend l'auguste Madone, il la couvre des plis de ses vêtements et il part. Il va où Dieu le mène. Dès ses premiers pas, il se souvient que, il y a deux ans, il a suivi la route de Tarascon, et accompagné dans cette ville la Madone aimée, seul objet de ses préoccupations. Ce chemin est là devant lui, il le connaît. Il en suit donc la direction, sans toutefois y mettre le pied, mais en passant par les sentiers les moins fréquentés, évitant toute rencontre, craignant toujours d'être découvert, serrant son trésor contre son cœur au moindre bruissement des feuilles, et appelant de tous ses vœux l'heure qui mettra fin à tant d'angoisses.

Cette heure arriva. Après bien des jours de marche, après de longues nuits sans sommeil, Imbert entra à Tarascon. Nous ignorons si le vénérable ermite songeait à cacher la Madone pour attendre des jours meilleurs et la ramener à son sanctuaire de Vallouise. C'eût été perdre son temps que de le vouloir. La piété a des instincts qui devinent les sources de grâces que lui ménage la Providence ; et la sagacité des filles de Ste Marthe n'eût pas manqué de découvrir l'auguste exilée, qui venait demander asile à l'hôtesse de Jésus. Le bruit de l'arrivée d'Imbert se répandit bientôt. On savait sa fidélité à la Madone de Briançon. On comprit donc bien vite la cause de son voyage.

La Vierge de Vallouise fut reçue avec des transports de joie. Et dans son enthousiasme, notre peuple, qui pense tout haut et qui ne parle point par périphrases, traduisit d'un mot son admiration en l'appelant la *Belle Briançonne*.

On la plaça dans une chapelle située près du château. Et ce sanctuaire devint le rendez-vous de toutes les âmes pieuses et de tous ceux qui avaient à solliciter la protection de Marie. La sainte proscrite ne fut point indifférente à ces élans d'amour. Le sentiment hospitalier, affectueux et confiant, qui valait tant d'honneurs à son image, toucha sans doute le cœur de la Très Sainte Vierge. Et elle se plut à manifester sa puissance et sa tendresse à l'égard de ses enfants, en exauçant leurs vœux et en leur accordant pour leurs intérêts spirituels et temporels les grâces les plus signalées. La plus grande faveur qu'elle octroya sans doute à Tarascon, ce fut d'en faire sa nouvelle patrie. La Madone ne retournera plus à Vallouise. Et les Tarasconnais, comme s'ils voulaient lui faire oublier Briançon, ne l'appelleront plus du nom qu'ils lui avaient donné à son arrivée : on ne dira plus désormais que *Notre-Dame du Château*.

Cependant le quartier où se trouvait la chapelle était habité par les Juifs. Ceux-ci témoignaient quelque dépit de ce qui se passait dans leur voisinage. Israël, qui attend toujours le Messie, ne pardonne pas à la Fille de Juda de l'avoir déjà donné au monde. Et puis, le jour voué à la Très Sainte Vierge étant précisément le samedi, le sabbat des enfants de Jacob se trouvait fort dérangé par l'affluence qui se portait au sanctuaire du Château. Grâce à l'habileté des plaignants, et pour éviter sans doute de regrettables conflits, on décida de transférer ailleurs la Madone. Et l'on dit que les Juifs firent même les frais de *l'installation nouvelle*. C'est en 1419 qu'eut lieu cette translation. La Vierge, qui garda son titre de Notre-Dame du Château, fut d'abord placée dans une grotte des Alpines ; puis on lui éleva une *chapelle* au sommet du monticule. C'est là que nous la retrouvons aujourd'hui.

Depuis plus de quatre siècles, l'auguste Madone réside donc là haut. Et malgré la distance, depuis quatre siècles Tarascon, qui lui reste fidèle, renouvelle chaque année, le 5e dimanche après Pâques, l'imposante manifestation dont nous parlions tout à l'heure. Ces quatre cents ans ne se sont point écoulés sans que la Très Sainte Vierge ait mille fois témoigné son *amour* à cette chrétienne population. De la cime que couronne sa chapelle elle veille sur tous ceux qui se confient en elle. En labourant leurs champs, en jetant les semences en terre ou en bravant les feux du jour pour ramasser les gerbes, que de fois nos cultivateurs de la plaine élèvent leurs regards pour demander appui et protection à Celle qui bénit leurs travaux. Et la Vierge répond à leur foi.

C'est pour se rapprocher des plus éloignés et leur rendre son accès plus facile, que Notre-Dame du Château vient chaque année passer quarante jours près de Ste Marthe, ainsi que nous le disions en commençant. Là, l'amour des enfants se traduit de mille façons, comme l'amour de la Mère. Et pour marquer sans doute cette variété de formes d'un même sentiment, l'usage déjà très ancien veut que chacun des quarante jours, à une heure après midi, la statue soit revêtue d'une robe nouvelle. Une famille, dont l'un des membres sauva cette image vénérée pendant la Révolution, a le privilège de changer ainsi le costume quotidien de Notre-Dame. Après quoi tous s'approchent pour offrir à Marie des sentiments toujours sincères, dont les joyaux de la Madone ne sont que la faible expression.

Six semaines après la descente, Notre-Dame du Château remonte à sa chapelle des Alpines. La procession est ce jour-là moins bruyante, car toute séparation est triste et étouffe la voix. Et la Vierge bénit encore ses enfants, qui ne lui disent jamais adieu, mais au revoir.

Une seule remarque clôturera cette histoire. L'auguste Madone de Briançon quitta Vallouise à l'occasion de la peste ; puis elle y revint. Plus tard c'est l'hérésie, c'est la malice humaine qui l'en exila ; cette fois, elle n'y revint plus. Ainsi notre Mère ne nous abandonne point dans l'épreuve. Mais redoutons le jour où la malignité des hommes l'éloignerait de notre société. Elle emporterait Jésus dans ses bras, comme à travers les déserts de l'Egypte ; et derrière Elle on entendrait encore les cris déchirants de Rama.

PRIÈRE

O Vierge forte et puissante dont le nom seul rassure nos courages abattus, prenez en pitié notre faiblesse et soyez le château fort dont les murailles nous défendent contre l'ennemi de tout bien. Les méchants poursuivent leur œuvre impie. L'innocence gémit parfois sous leur tyrannique empire. Et quand les légions de l'enfer se déchaînent contre nous, il y a des heures où les anciens Vaudois semblent de nouveau paraître. O Mère, soyez notre refuge. N'abandonnez jamais notre sol que vous avez tant aimé, et qui malgré tout reste encore votre domaine. Notre-Dame du-Château, abritez nous et sauvez-nous.

Ainsi soit-il.

CANTIQUE
EN L'HONNEUR DE NOTRE-DAME DU CHATEAU
CONTENANT
l'historique de la fête de Notre-Dame (1)

REFRAIN.

Reviens, ô grande Sainte,
O Notre-Dame du Château,
Reviens dans notre vieille enceinte
Nous abriter sous ton manteau.

I

Déjà l'airain dans l'église gothique
Le tambourin, le fifre, le tambour,
La cornemuse au son doux et rustique
A Tarascon annoncent ton retour.

(1) La musique du Cantique, avec accompagnement de piano ou d'orgue, se vend séparément chez Mlle Marie Viret, à Tarascon

II

Entends ce chant qu'au lever de l'aurore
Un chœur nombreux entonne à tes genoux :
C'est le salut d'un enfant qui t'adore
Et qui te crie : O Mère, écoute-nous !

III

Sur le chemin qui mène à ta chapelle,
Vois ces vieillards, ces femmes, ces enfants,
Ces pénitents, ce prêtre plein de zèle,
Remplissant l'air des plus tendres accents.

IV

Quels sont ces chars qui dévorent l'espace,
Enguirlandés de feuilles et de fleurs ?
De cœurs joyeux c'est un essaim qui passe,
Qui passe et vole où tendent tous les cœurs.

V

Dejà St-Roch et le grand St-Christophe
Sur ta colline ont planté l'étendard.
Vois dans les airs flotter la riche étoffe !
Le mont redit l'hymne de ton départ.

VI

A ta chapelle, au milieu des bruyères,
Un peuple aimant tombe à tes pieds bénis,
Adresse au Ciel ses plus vives prières,
Et Dieu t'accorde à ses pleurs, à ses cris.

VII

Sonnez, clairons, cors, saxhorns et trompettes ;
Retentissez, et fifres et tambours ;
Cloches, lancez vos plus beaux airs de fêtes :
La Vierge enfin se rend à notre amour.

VIII

Un palanquin, ô Vierge bien-aimée,
Ornementé de mille et mille fleurs,
Va recevoir ton image adorée ;
A deux genoux t'attendent tes Prieurs.

IX

C'est dans nos bras, dit la foule empressée,
Que doit venir la Reine de nos cœurs !
Et tour à tour, contre leur sein pressée,
Jeunes et vieux t'arrosent de leurs pleurs.

X

Je te revois au pied de la colline,
D'où, saluant la croix de Fontchâteau (A)
Et bénissant la foule qui s'incline,
Tu vas au Grès (B) reposer ton drapeau.

XI

Bientôt tu pars pour ta station dernière ;
Chars et piétons marchent devant tes pas.
Autour de toi s'élève la prière
Des pèlerins te pressant dans leurs bras.

XII

Quels sont ces cris ? Quelle subite alerte !
Pourquoi la foule, inondant les chemins.
A flots pressés envahit Croix-Couverte (C),
Flue et reflue avec ses *flots humains* ?

(A) Première station de la Vierge au pied de la montagne.

(B) C'est à l'église du Grès que se repose la Vierge, en attendant son retour à Tarascon.

(C) Dernière station de la Vierge avant d'entrer dans la ville.

XIII

Le bourdon gronde et l'artillerie tonne ;
De la bravade, au loin, les chevaliers
En fusillade annoncent la Madone,
Et des Prieurs paraissent les coursiers.

XIV

Piques, volez dans les airs, dans l'espace ;
Drapeaux, au vent déployez vos couleurs ;
Tambours, battez... C'est la Vierge qui passe.
Peuple, à genoux implore ses faveurs.

XV

Elle entre enfin dans la Cité qui l'aime.
La foule suit, entrant comme un torrent.
Emportant tout dans son délire extrême :
Vierge, Prieurs, infidèle et croyant.

XVI

L'ardeur se calme, et la Vierge tranquille
Dépouille alors la robe de l'exil,
Reprend sa marche et tend vers son asile,
Au bruit des chants et des coups de fusil.

XVII

En grand cortège elle arrive à l'église ;
Tous à l'envi se pressent sur ses pas :
Et les trois nefs, du sol jusqu'à la frise,
S'ouvrent au peuple... et ne suffisent pas.

XVIII

Bourdon, tambours, fifres et cornemuse,
Orgue, orphéon, musiques à tous vents,
Chantre, choriste, enfants que tout amuse,
Lancez à l'air vos sons les plus vibrants.

XIX

La grande Sainte a repris son domaine
Et sur ses fils veillera désormais ;
L'esprit du mal dont nous portions la chaîne,
Loin de ces lieux va s'enfuir à jamais.

XX

Tarasconnais, par notre grande Sainte,
Ne formons plus qu'une âme, qu'un seul cœur,
Et réunis dans une douce étreinte,
Avec transport redisons tous en chœur :

REFRAIN

Reviens, ô notre grande Sainte,
O Notre-Dame-du-Château !
Reviens dans notre vieille enceinte
Nous abriter sous ton manteau.

Avignon, Imprimerie SEGUIN frères.

www.ingramcontent.com/pod product compliance
Lightning Source LLC
LaVergne TN
LVHW010340230826
846091LV00009B/3969

9782011904898